NATIONAL GEOGRAPHIC

School Publishing

¿Qué materia te interesa?

EDICIÓN PATHFINDER

Por Barbara Keeler

CONTENIDO

¿Qué materia te interesa?

Cuando piensas en la playa, seguramente no piensas en el plástico. Pero el plástico es un tipo de materia, y la materia está en todas partes. ¡Incluso en la playa! Los trajes de baño se fabrican con fibras de plástico. Las tablas de surf y tablas para deslizarse en las olas tienen partes de plástico. Las cajas aisladas para mantener las bebidas frías están hechas de plástico. Usamos el plástico todo el tiempo.

¿De dónde viene el plástico? El plástico de la tabla de surf no está hecho por la naturaleza. Tampoco el plástico de los trajes de baño. El hombre fabrica el plástico.

Haciendo plástico

¿Cómo se hace el plástico? El proceso empieza con los materiales que se encuentran en la naturaleza. La mayoría de los plásticos están hechos a partir de **combustibles fósiles**. Los combustibles fósiles están hechos de los restos cambiados de seres que vivieron hace mucho tiempo. Los científicos pueden usar combustibles fósiles para hacer cosas nuevas, como el plástico. El petróleo es un combustible fósil. Los científicos usan petróleo para hacer plástico.

Los científicos también pueden cambiar las propiedades del plástico. Pueden cambiarlo dependiendo del trabajo que quieren que haga. Pueden hacerlo duro o blando, o transparente o de color. También pueden cambiar la textura.

Parte de plástico. El petróleo es un combustible fósil que se usa para hacer plástico.

Dando forma al plástico

El plástico viene en todo tipo de formas distintas. Para hacer distintas formas, el plástico se calienta hasta que se derrite. El plástico líquido se coloca en un molde. Como el plástico es líquido, toma la forma del molde. Luego, se enfría y endurece y convierte en un sólido con esa forma.

Probablemente te hayan dado algo de beber en un vaso de espuma de plástico térmica. Piensa en cómo se sentía la textura del vaso. A veces se añaden pequeñas burbujas de gas al plástico líquido. Esto hace que el plástico sea espumoso.

Puedes moldear el plástico tibio de muchas maneras. Los tubos de plástico se hacen exprimiendo el plástico hacia afuera, como la pasta de dientes. La envoltura de plástico se hace desenrollando la envoltura de plástico en láminas largas.

Cosa caliente. Este plástico está pasando a través de rodillos calientes. Cuando se enfría, se convierte en láminas sólidas y flexibles.

Manteniendo la frescura. La espuma de plástico no es un buena conductora del calor. Eso la hace buena para aislar.

Usando plástico

El plástico se encuentra en muchas cosas que usas cada día. Se usan fibras de plástico para hacer ropa y alfombras. ¿Quieres ropa que no se encoja o arrugue? Prueba el nylon y el poliéster. Estos son géneros fabricados de fibras de plástico. A menudo se usan para camisas, trajes de baño y chaquetas para esquiar.

Puedes tocar el mango de la mayoría de las sartenes calientes. ¿Por qué? El plástico es un buen **aislante**. El aislante detiene el flujo de energía. Evita que el mango se caliente.

El plástico es una buena opción para fabricar partes de automóviles, autobuses y aviones. Es fuerte y ligero.

¿Usas anteojos? Seguramente los lentes están hechos de plástico. Los lentes de plástico no se rompen fácilmente. Los dentistas también usan un tipo de plástico cuando ponen los empastes en tus dientes. Como puedes ver, el plástico está en todas partes.

Evitando quemaduras. Estos mangos no se derriten cuando se calientan.

Aligerado. Muchas de las partes de los automóviles están hechas de plástico. El plástico es más ligero que el metal. Un automóvil ligero usa menos gasolina que un automóvil pesado.

Tipos de plástico

La mayoría de las cosas de plástico están hechas de uno de los siete tipos de plástico. ¿Has visto números en las botellas y los recipientes de plástico? El número te indica el tipo de plástico. También te dice si es seguro de usar con calor.

1 PETE

El plástico no. 1 es transparente, barato y flexible. Se usa en alfombras, botellas para beber, frascos de alimentos y muchas otras cosas.

Cinco botellas de dos litros de plástico no. 1 pueden reciclarse para hacer una camiseta extra grande.

2 HDPE

El plástico no. 2 se describe como rígido y fuerte. Se usa en botellas de champú, de leche, de limpiadores para el hogar, tuberías y otras cosas.

3 V

Este plástico es ligero, duro y a prueba de agua. El plástico no. 3 se usa en empaques y para envolver carnes. Algunos marcos de ventanas, cercas y discos compactos se hacen con él.

4 LDPE

El plástico marcado con el no. 4 es muy fuerte, flexible y transparente. A menudo se usa en envolturas de plástico y bolsas, paquetes de comida congeladas, juguetes de plástico, botellas exprimibles y tapas.

5 PP

El fuerte plástico no. 5 no se derrite fácilmente. Esta propiedad lo hace útil para las comidas y bebidas calientes. También se usa en empaques y fibras. Las partes grandes de los automóviles también pueden hacerse de plástico.

6 PS

El plástico no. 6 es un buen aislante. A veces se añaden gases cuando está líquido. Entonces se convierte en espuma de plástico al secarse. Con frecuencia se usa para recipientes de alimentos y bebidas porque es seguro de usar con objetos calientes. También lo encuentras en el empaque de maní.

7 OTHER

El número 7 en el plástico significa que no es uno de los mencionados anteriormente. También puede ser una mezcla de varios plásticos. Se usa en productos o recipientes de plástico mixto.

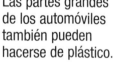

Atrapado. Este pájaro tiene un pedazo de plástico atrapado alrededor de su pico. El plástico hace que sea difícil para el pájaro comer.

Problemas con los plásticos

El plástico es muy útil. Pero puede causar problemas. Contiene **toxinas** o químicos peligrosos. Estos químicos pueden meterse en la comida y bebidas, y dañar a las personas. Asegúrate de emplear recipientes recomendados para usar con cosas calientes. Busca el plástico marcado no. 5 y no. 6.

El plástico también consume recursos. Se usa petróleo para hacer plástico. Los suministros de petróleo son limitados. El petróleo no se forma tan rápidamente como la gente lo usa.

Gran parte del plástico que se produce es para desechar. Y la mayoría del plástico no se recicla. ¿Por qué? Viene en tantos tipos distintos. Cada tipo de plástico contiene materiales distintos con propiedades distintas. La mayoría de los centros de reciclaje no acepta todos los tipos de plástico.

En el año 2000, el plástico compuso más del 20% de la cantidad total de basura que desecharon los estadounidenses. El plástico dura por un largo tiempo. Contamina la Tierra y daña la vida silvestre.

Qué puedes hacer

La mejor manera de conservar el plástico es evitando los plásticos que se fabrican para ser desechados. ¿Cómo? Puedes llevar tus propias bolsas de compra a la tienda. Puedes usar una botella de agua de acero inoxidable en vez de una de plástico. Usa platos que se puedan lavar, en vez de platos descartables. Guarda la comida en recipientes que puedas usar una y otra vez.

También puedes buscar productos con un empaque que tenga poco o nada de plástico. Cuando compres algo en un recipiente de plástico, mira el número en él. Asegúrate de que pueda ser reciclado. ¡Esto se llama pre-reciclado!

El plástico facilita y mejora la vida. Pero no debemos usar más del que necesitamos.

Vocabulario

aislante: algo que detiene o reduce la velocidad de la transferencia de calor

combustibles fósiles: combustibles que se formaron a partir de los restos de seres que vivieron hace millones de años

toxinas: químicos peligrosos

Acero: una mezcla fuerte

Fuerte conexión. Este puente de la ciudad de Nueva York permite que los automóviles y camiones crucen el río sin peligro.

¿Qué es el acero?

El acero es una mezcla de hierro y un poquito de carbono. El hierro por sí mismo no es lo suficientemente fuerte para sostener puentes y edificios. Algunas formas de carbono son muy blandas. Pero cuando el hierro y una pequeña cantidad de carbono se mezclan, forman el acero: un material muy fuerte.

¿Por qué es tan importante el acero?

El acero se usa para hacer muchas cosas en la actualidad. La mayoría de los automóviles y camiones tienen partes hechas de acero. Los ayuda a ser fuertes y seguros. Los puentes, edificios y barcos contienen acero. También las herramientas y cremalleras. El acero está en los lugares en que vivimos y en las cosas que usamos.

Fabricando acero

El acero se fabrica mezclando hierro y un poquito de carbono. El hierro se encuentra en una roca llamada mineral de hierro. El carbono viene en muchas formas. El carbón es una forma de carbono.

Para que puedan transformarse en acero, estos sólidos deben derretirse y hacerse líquidos. En primer lugar, el mineral de hierro y el carbono se colocan en un horno. Se calientan a una temperatura muy alta. Luego se derriten, se mezclan y forman una solución.

El acero líquido está ahora listo para formar objetos de acero sólido. El acero se vierte en moldes. Luego se debe enfriar. A medida que se enfría el acero, pasa de líquido a sólido.

mineral de hierro **carbono**

Estos dos materiales combinados se convierten en acero.

El hierro se derrite en un horno grande a una temperatura de 1535°C (aproximadamente 2795°F). Cuando horneas galletas se calientan a 190°C (375° F). Así que imagínate lo caliente que debe estar ese horno

vigas de acero para edificio

pernos de acero

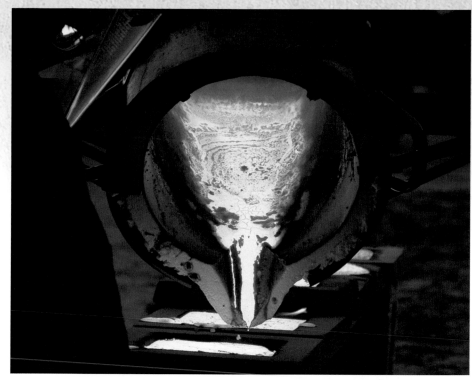

El acero líquido se vierte en los moldes.

erramientas de acero

El proceso termina con un producto.
Estos son solo algunos de los
productos que se fabrican con acero.

El acero es uno de los materiales más
reciclados del mundo. Se recicla alrededor
de un 68% de todo el acero.

Propiedades de la materia

Averigua lo que has aprendido sobre las propiedades del plástico y el acero.

1 ¿Cómo obtenemos la mayoría del plástico?

2 ¿Qué materiales naturales se usan para fabricar plástico?

3 ¿Por qué es importante saber qué tipo de plástico se usa en un recipiente?

4 ¿Cuáles son algunas razones para conservar el plástico?

5 ¿En que se parecen y diferencian el acero y el plástico?